Dirección editorial: María Jesús Díaz
Textos: Eduardo Trujillo
Ilustraciones: F. Valiente / Equipo Susaeta

© SUSAETA EDICIONES, S.A. - Obra colectiva
Campezo, 13 - 28022 Madrid
Tel.: 91 3009100 - Fax: 91 3009118
www.susaeta.com

Cualquier forma de reproducción o transformación de esta obra
sólo puede ser realizada con la autorización del titular del
copyright. Dirijase además a CEDRO (Centro Español de Derechos
Reprográficos, www.cedro.org) si necesita fotocopiar o escanear
algún fragmento de esta obra.

# EL ORIGEN DE LA NAVIDAD

Desde hace muchos años y en todas las culturas, los seres humanos han escogido una fecha para reunirse y celebrar los nacimientos, hacer regalos a los niños y promover el amor y la buena voluntad.

Hay 3 vaqueros de juguete que se han colado. ¿Los ves?

Incas, aztecas, germanos, romanos, cristianos y otras sociedades coincidieron en celebrar esta fiesta del amor y la amistad cerca del 25 de diciembre. El malabarista ha perdido una bola de cada color. ¿Se las buscas?

Los antiguos germanos y escandinavos cortaban un árbol, lo adornaban y se reunían alrededor de él. ¿Ves 5 adornos en forma de árbol?

En estas fechas, los romanos se intercambiaban regalos y liberaban temporalmente a los esclavos. Eran «las saturnales», las fiestas en honor al dios Saturno. Tienes que encontrar 1 niño que no es de esta época.

En estos días, **los primeros cristianos** celebraban el nacimiento de Jesús y la llegada de los Reyes Magos, con sus presentes para el recién nacido. ¿Puedes contar 7 velas?

**Los incas** celebraban la fiesta del dios Sol, festejaban los nacimientos y hacían regalos a los más pequeños. Tienes que encontrar 7 soldaditos de juguete.

# SAN NICOLÁS

Este obispo cristiano del siglo IV, nacido en Turquía, era conocido por su gran generosidad y su buen carácter. Tras su muerte, nació una leyenda basada en él, que hablaba de un anciano bondadoso que ayudaba a los necesitados y repartía regalos a los niños.

**Hay 3 juguetes que no son de esta época.**

Según la leyenda, San Nicolás recorría vastos territorios acompañado de su asno. Visitaba a los pobres y enfermos, y también a los niños, a los que siempre llevaba algún regalo.
¿Encontrarías 7 bastones de caramelo?

Se cuenta que también era experto en encontrar marido a las jóvenes. Además, como tenía una gran fortuna, les regalaba la dote necesaria para la boda cuando la familia no podía costearla.
¿Buscas 1 caballo de madera?

Con el tiempo, su figura quedó unida al nacimiento de Jesús y se empezó a celebrar la Navidad como la conocemos hoy en día.
¿Buscas 2 coches antiguos?

San Nicolás se fue haciendo cada vez más famoso hasta que, poco a poco, fue reemplazado por otros personajes, como Santa Claus y Papá Noel, que siguen llevando regalos a los niños cada 25 de diciembre. ¿Eres capaz de encontrar 12 pelotas en toda la página?

Dicen que este santo hacía muchos milagros, sanando enfermos y aliviando las penas de los más desgraciados. San Nicolás ha traído 2 tambores. ¿Los ves?

# LOS REYES MAGOS

Cuenta la tradición que, cuando nació Jesús, se acercaron al pesebre tres Reyes Magos que venían desde Oriente guiados por una estrella. Querían adorar al Niño y ofrecerle regalos.

**¿Sabrías a qué hora está pasando la cabalgata de los Reyes Magos?**

Se dice que una estrella que brillaba más que cualquier otra guió a los Reyes hasta el portal de Belén. Busca 4 globos rojos y 4 rosas.

En algunos países (sobre todo hispanohablantes), existe la tradición de organizar una gran cabalgata el 5 de enero para representar la llegada de los Reyes, que traen los regalos que los niños les han pedido. Busca 10 caramelos por el suelo.

Los Reyes Magos se llamaban Melchor, Gaspar y Baltasar y los regalos que ofrecieron al Niño fueron oro, incienso y mirra. Alguien está haciendo una foto a los Reyes. ¿Quién es?

Los Reyes Magos visitan a los niños mientras éstos duermen y les dejan regalos junto a sus zapatos. Antes de irse a dormir, los niños preparan dulces para los Reyes, así como agua y comida para los camellos. Busca 3 coches de juguete en la cabalgata.

En España, es costumbre disfrutar del delicioso «roscón de reyes», un dulce tradicional que lleva en su interior varias sorpresas para que comerlo sea muy divertido. Una niña ha traído su muñeca a la cabalgata. ¿La ves?

# PAPÁ NOEL

San Nicolás, Santa Claus y Papá Noel son básicamente el mismo personaje, aunque en cada lugar se le haya dado un nombre distinto. Puede haber pequeñas diferencias, pero todas las culturas que creen en él lo conocen con la misma apariencia.

**Yo veo 3 peluches y 1 guitarra. ¿Tú no?**

Cada 25 de diciembre, **Papá Noel reparte juguetes casa por casa,** viajando por todo el mundo. La tradición dice que se cuela por la chimenea y deja sus fantásticos regalos junto al árbol de Navidad. **Hay 1 locomotora. ¡Busca bien!**

En Nochebuena, **tras comprobar que no le falta ningún regalo,** viaja por todo el mundo repartiendo juguetes. Vuela montado en su trineo mágico, del que tiran unos renos muy especiales. **Hay 3 camiones. ¿Los ves?**

**Encuentra 3 regalos envueltos en papel verde. ¡Busca en toda la página!**

Antes de Nochebuena, **Papá Noel recibe las cartas de muchos niños pidiéndole juguetes.** A veces acude a donde los niños puedan pedírselos en persona, sentados sobre sus rodillas.

Papá Noel lee todas las cartas que le envían los niños pidiéndole sus juguetes preferidos. ¿Puedes ver 1 monopatín?

Santa Claus vive en las cercanías del Polo Norte junto a su mujer, la señora Claus. Pasa todo el año fabricando millones de juguetes con la ayuda de unos duendecillos muy trabajadores.

Hay 3 muñecas. ¿Las buscas?

# EL BELÉN

En los países de tradición católica, el nacimiento de Jesús se representa con un belén navideño, que recrea este acontecimiento con figuras de los personajes y un decorado ambientado en la época. El belén se mantiene toda la Navidad.

**Busca 3 animales que no pueden formar parte del belén.**

Según la tradición cristiana, **hacia el 25 de diciembre del año 0**, en un humilde pesebre de una aldea llamada Belén, nació Jesús. El recién nacido recibió la visita y adoración de los pastores de la zona. **Tienes que buscar 8 gallinas.**

Fue **San Francisco de Asís**, en el siglo XIII, quien representó por primera vez el nacimiento de Jesús para celebrar la Navidad. Recreó el pesebre y puso animales de verdad. ¿Encuentras la cuna de paja donde se coloca al niño Jesús?

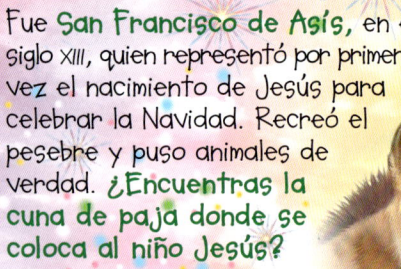

En algunos lugares existe la costumbre de **representar un «belén viviente»**. En él hay actores que encarnan a los personajes, animales y un decorado a tamaño real. **Un pastor lleva 1 oveja en los hombros.**

14

Generalmente, en el belén están representados Jesús, María y José, acompañados por una mula y un buey, los tres Reyes Magos, la estrella de Belén, el ángel y los pastores. ¿Ves 8 ovejas y 2 cabras?

Muchas veces, son los niños los que construyen el pesebre, colocan las figuritas y se encargan de la decoración. Alguien ha colocado 3 objetos que no pertenecen a un belén. ¿Los encuentras?

# EL ÁRBOL DE NAVIDAD

La antigua tradición germana de decorar y adorar un árbol en las fiestas del mes de diciembre fue absorbida por la celebración cristiana de la Navidad. Así, a comienzos del siglo XVII, aparecieron en las celebraciones navideñas los primeros árboles decorados.

¡Eh! Hay 3 figuras que no son navideñas. ¿Las ves?

Antiguamente, cada familia talaba su propio árbol. Hoy en día, el árbol se compra y puede ser natural o artificial. En total, hay 9 arbolitos como los que están colgados en las ventanas.

Si el belén tiene un significado conmemorativo y religioso, el árbol de Navidad es tan sólo un elemento decorativo. Así Papá Noel tendrá un lugar donde dejar sus regalos. Ya han colocado 9 bolas rojas en el árbol. ¿Las ves?

¿Cómo se prepara el árbol de Navidad? Lo primero es conseguir un frondoso abeto, o bien un árbol artificial, que es una solución más ecológica. Hay que colocarlo en una bonita maceta en el salón de casa. ¿Hay 6 figuras de Papá Noel en el árbol?

Luego se decora con figuritas, bolas y lazos, que colgarán de sus ramas. Puedes enrollar alrededor del árbol guirnaldas de espumillón y luces. Por último, se suele poner una estrella en lo más alto. ¿Ves 1 adorno de cada clase?

Todo tiene su significado según las antiguas tradiciones. Las bolas de colores simbolizan las manzanas con las que se decoraba el llamado «árbol de la vida». Las luces son las velas que se utilizaban para iluminarlo por la noche. Los lazos simbolizan la unión y el amor, y la estrella nos recuerda a la de Belén, que anunció el nacimiento de Jesús.

A los pies de este árbol será donde, en Nochebuena, Papá Noel dejará sus fantásticos regalos a los niños que se hayan portado bien durante el año.
Un regalo no está debajo del árbol.
¿Lo ves?

# EL ESPÍRITU NAVIDEÑO

En estas fechas, el llamado «espíritu de la Navidad» lo invade todo. Se puede ver en todas partes, todo el mundo quiere ser un poco mejor y demostrar amor a los demás, sobre todo a los más pequeños, que son quienes más disfrutan de la fiesta.

**Papá Noel se ha adelantado. ¿Dónde está?**

En algunos lugares se organizan **concursos de decoración navideña** y se premian las casas que quedan más bonitas, ¡aunque no hay que exagerar! Hay **1 reno y 1 estrella hechos con bombillas. ¿Los ves?**

Basta dar un paseo por la ciudad para llenarse de este espíritu navideño. Las calles están decoradas con **espectaculares figuras luminosas. ¿Puedes buscar 1 zambomba y 2 panderetas?**

Los escaparates se llenan con **sabrosos alimentos y dulces navideños.** En Nochebuena es típico cenar cordero, pavo, o bien pescado y marisco. **Este niño ha perdido 3 bastones de caramelo.**

En estos días se ven mercadillos callejeros donde se venden figuritas, luces y adornos navideños de todo tipo. Se han extraviado 3 regalos. ¿Me ayudas a encontrarlos?

La decoración navideña lo invade todo: las calles, las tiendas, los colegios... Además, la música de los villancicos se escucha por doquier. Hay 6 pavos. ¿Los ves?

Pasear por las calles adornadas con miles de luces es un placer que sólo se vive en estos días. ¡Pásalo bien buscando 6 ocas!

# BLANCA NAVIDAD

Dicen que las Navidades con nieve son las mejores. En los pueblos y ciudades de montaña, donde por estas fechas suele nevar abundantemente, los niños disfrutan como nunca y el ambiente navideño es el más bonito que se pueda imaginar.

**A esta niña le faltan 2 regalos. ¿Los ves?**

Se puede decorar el paisaje nevado con todo tipo de adornos para crear un bonito ambiente navideño. **Veo 9 guantes en toda la página. ¿Los ves tú?**

La mañana de Navidad es muy especial cuando el paisaje está nevado. Todos los niños se levantan temprano, buscan sus regalos bajo el árbol y salen a divertirse y jugar con la nieve. **Alguien ha perdido una bufanda. ¿La ves por ahí?**

Hay niños que son verdaderos especialistas en construir muñecos de nieve, a los que no les falta ni un detalle. **Hay 2 conejos en busca de 4 sabrosas zanahorias. ¿Dónde están los conejos y las zanahorias?**

# UNA CÁLIDA NAVIDAD

La Navidad no se celebra en todos los sitios de la misma forma, y la típica postal navideña nevada no tiene nada que ver con el paisaje que se ve en muchos lugares. Así, en las zonas tropicales o en las ciudades del hemisferio sur la Navidad cae en verano y en lugar de nieve… ¡tienen arena de playa!

**Hay 3 animales que no pueden habitar un país cálido.**

En Brasil, muchos celebran la Navidad dándose un refrescante chapuzón en el mar. Al no haber nieve, la gente suele fabricar muñecos con la arena de la playa. **Hay 18 gorros navideños en toda la página. ¡Búscalos!**

Santa Claus sabe bien que, en los países cálidos, los juguetes más solicitados por los niños tienen que ver con la playa y el aire libre: bicis, tablas de surf, patines, balones, flotadores, colchonetas… **En la arena de la playa hay 7 regalos. ¿Los puedes encontrar?**

Está claro que, con calor o con frío, la Navidad sigue siendo la misma para todos y tanto en los países del norte como en los del sur se celebra con el mismo espíritu. **¿Puedes ver 7 gaviotas?**

# LA CASA DE PAPÁ NOEL

«Père Noël», como lo llaman los franceses, no es otro sino el antiguo San Nicolás, llamado «Sinterklaas» por los holandeses y que, con el tiempo, pasó a ser el Santa Claus de los norteamericanos. Su historia tiene algunos detalles muy interesantes.

¿Ves entre los juguetes un muñeco de oso panda?

Papá Noel vive en Napapiiri, en Finlandia. Si le escribes una carta, es probable que te llegue una respuesta escrita por él mismo. La dirección es: «Oficina de Correos de Papá Noel, FI-96930. Círculo Polar Ártico». Este niño le ha pedido a Papá Noel una locomotora. ¡Busca 2!

Papá Noel tiene un trineo mágico que puede volar, con el que viaja por todo el mundo para repartir los regalos. ¿Ves 3 caballitos de juguete?

Papá Noel suele entrar a los hogares por la chimenea, pero si tu casa no tiene, no te preocupes. Gracias a su magia, es capaz de colarse por cualquier hueco, incluso por el agujero más pequeño. A un niño le va a llevar 1 jirafa. ¿La encuentras?

# LA NOCHEBUENA

En la víspera del día de Navidad, siguiendo la tradición cristiana, se celebra el nacimiento de Jesús. La familia se reúne alrededor de una cena muy especial, entre muestras de afecto y algún regalo para los más pequeños.

**Esta familia tiene pavo para cenar, pero hay otro que se ha salvado. ¿Lo ves?**

En España, existe la tradición de pedir el «aguinaldo», que consiste en que los niños canten villancicos ante los mayores y éstos los recompensen con dulces o monedas. **¿Puedes encontrar en el dibujo 1 zambomba y 2 panderetas?**

La Nochebuena es una fiesta entrañable que se celebra en familia la noche del 24 de diciembre. **Estos niños no saben dónde han dejado al niño Jesús. ¿Se lo buscas?**

Lo más tradicional en Nochebuena es cenar con la familia y los seres queridos. En muchos lugares se intercambian regalos. **Hay 3 regalos envueltos con papel azul. ¿Dónde están?**

Para la ocasión se suele preparar una gran cena, generalmente con un buen pavo asado, pescado al horno o cordero. De postre se saborean los dulces típicos, como polvorones, turrones de muchos tipos y mazapán. **Busca en la mesa 1 trozo de turrón duro y 1 de turrón de chocolate.**

En muchos lugares, es costumbre tener montado el belén y, al llegar la medianoche, colocar la figura del niño Jesús para conmemorar el momento exacto de su nacimiento. ¿Puedes ver un reloj que marca las 12?

Lo más importante durante esta noche es **disfrutar con las personas a las que más queremos** y demostrarles nuestro afecto. ¿Ves un gatito que se ha quedado dormido?

# LOS REGALOS NAVIDEÑOS

Los regalos se hacen sin esperar nada a cambio, con el único fin de hacer felices a los demás. En Navidad, además de los que traen los Reyes Magos y Papá Noel, mucha gente disfruta sorprendiendo a sus familiares y amigos con algún regalo.

Un animalito del bosque se ha colado en la casa. ¿Lo ves?

Es aconsejable pensar bien qué regalo es el más apropiado para cada persona, según sus gustos. Piensa un poco para encontrar 3 ositos de peluche en el dibujo.

A Papá Noel y los Reyes Magos se les escribe una carta para pedirles lo que nos gustaría que nos regalaran. A veces no pueden traer todo lo que se les pide. ¿Ves un camión de bomberos?

Lo más divertido de hacer regalos es ver la cara de sorpresa que pone la persona cuando recibe un obsequio y no se imagina lo que es. Busca 5 mascotas entre todos estos regalos.